COLLECTION

ROBELLAZ

LYON — Avril 1892

APRÈS DÉCÈS

CATALOGUE

DES

TABLEAUX ANCIENS

COMPOSANT

La Collection Robellaz

DE LYON

Dont la Vente aux Enchères aura lieu

A LYON, HOTEL DES COMMISSAIRES-PRISEURS

Rue de l'Hôpital, 6, Salle n° 2.

Les Mardi 5, Mercredi 6, Jeudi 7 et Vendredi 8 Avril 1892

à 7 heures 1/2 du soir

EXPOSITION GÉNÉRALE

Salle du Rez-de-Chaussée, et Salle du 1er

Les Dimanche et Lundi, 3 et 4 Avril, de 1 h. à 5 h.

EXPOSITION PARTIELLE

de 1 h. à 3 h.,

des tableaux qui seront vendus à la vacation du soir.

Me L. GAZAGNE	M. BARRE
Commissaire-Priseur	Expert
6, Rue de l'Hôpital, 6	Rue de la Chaussée-d'Antin, 20
LYON	PARIS

CONDITIONS DE LA VENTE

Elle sera faite au comptant.

Les acquéreurs paieront cinq pour cent en sus du prix de l'adjudication.

LE PRÉSENT CATALOGUE SE DISTRIBUE

A LYON, hôtel des Commissaires-Priseurs, rue de l'Hôpital, 6.

A PARIS, chez M. BARRE, expert chargé de la vente, rue de la Chaussée-d'Antin, 20.

ORDRE DE LA VENTE

L'ordre numérique ne sera pas suivi ; il y aura exposition chaque jour de 1 heure à 3 heures, des tableaux qui devront être vendus à la vacation du soir.

N.-B. — En rédigeant ce Catalogue, nous avons respecté et accepté les attributions faites par Mme Robellaz, dont la compétence en matière d'art, et de peinture en particulier, était bien connue.

ÉCOLE FRANÇAISE

ANNÉE (Charles)

(Florissait vers 1850)

1. — *Une Déclaration pendant le bal.*

Dans un petit boudoir se tiennent deux jeunes et jolies femmes en riche costume Louis XVI. L'une d'elles abandonne sa main à un jeune homme à genoux devant elle et écoute avec complaisance la déclaration que lui fait ce dernier, tandis que l'autre paraît lui conseiller plus de prudence. A travers la porte entr'ouverte du boudoir, on aperçoit de nombreux groupes danser dans un salon vivement éclairé. Signé en bas à gauche : *Ch. Année, 1855.*

Toile ; cadre doré.

Haut., 55 cent.; larg , 45 cent.

BERTIN (ÉDOUARD-FRANÇOIS)

(Né à Paris en 1797, mort en 1871.)

2. — *Paysage avec figures.*

Une rivière s'étend à perte de vue dans un lointain lumineux, en serpentant entre deux rives bordées de saules. A gauche de la rivière et au bord d'un chemin une maisonnette au milieu d'un bouquet d'arbres ; sur le même plan et de l'autre côté du chemin, un petit moulin et sa roue que font tourner les eaux d'un torrent. Des groupes de paysans circulent sur le chemin ou s'arrêtent pour causer. Signé en bas à gauche : *E. B.*

Bois ; cadre doré.

Haut., 15 cent.; larg., 20 cent.

BERTIN (ÉDOUARD-FRANÇOIS)

3. — *Paysage avec figures.*

Une ferme au bord d'une route, avec quelques grands arbres qui l'ombragent. La fermière est sur le seuil de la porte ; un valet prend de l'eau à un puits voisin ; des enfants jouent non loin de là. Quelques passants circulent sur la route ; dans le lointain un vaporeux paysage.

Bois ; cadre doré.

Haut., 15 cent.; larg., 20 cent.

BOUCHER (François)

(Né à Paris en 1704, mort dans la même ville en 1768.)

4. — *Pastorale.*

Un berger et une bergère sont assis au bord d'une fontaine ; autour du cou de sa compagne le berger tresse une guirlande de fleurs. A leurs pieds dorment paisiblement des moutons, tandis qu'un personnage dissimulé derrière la fontaine assiste avec jalousie à cette scène.

Toile.

Haut., 68 cent.; larg., 1m,17

BOUCHER (François)

5. — *La Cueillette des cerises* (Trumeau).

Au pied d'un cerisier, contre lequel est appliquée une échelle, un berger à genoux devant une jeune bergère offre à cette dernière les fruits de sa cueillette. A gauche, au second plan, on aperçoit une chaumière ; à droite, sur la route, une paysanne montée sur son mulet s'approche suivie d'un compagnon.

Toile.

Haut., 1 mètre ; larg., 70 cent.

BOUCHER (François)

6. — *Pastorale* (Trumeau).

Au premier plan un berger assis à côté d'une jeune bergère, place des fleurs dans les cheveux de sa charmante compagne ; dans le lointain un gracieux paysage.

Toile.

Haut., 80 cent.; larg., 60 cent.

BOUCHER (François)

7. — *La Muse de la Comédie et la Sculpture.*

La muse de la Sculpture, sous les traits d'une jeune et jolie femme, s'entretient avec la muse de la Comédie. Un Amour est à leurs pieds.

Toile.

Haut., 88 cent.; larg., 73 cent.

BOUCHER (François)

8. — *La Bergère surprise* (Trumeau).

Une jeune fille aux cheveux blonds, le corsage décolleté, entouré de roses, dort au pied d'un arbre. Un jeune pâtre dissimulé derrière un arbre l'observe avec curiosité.

Toile; cadre bois doré.

Haut., 1m,38; larg., 90 cent.

BOUCHER (François)

9. — *L'Hiver* (Trumeau grisaille).

Des Amours nus se chauffent autour d'un feu.

Haut., 75 cent.; larg., 93 cent.

BRUANDET (Louis) (dit le Ruysdael français)

(Né en 1752, mort en 1803.)

10. — *Paysage, avec figures peintes par Swebach.*

Dans une prairie qui s'étend jusqu'au bord d'une jolie rivière, une paysanne est occupée à traire des vaches; un peu plus loin, à droite, un cavalier monté sur un cheval blanc demande son chemin à un paysan, qui tient une petite fille par la main. Dans le fond, des chaumières et quelques moulins au bord de l'eau.

Toile.

Haut., 50 cent.; larg., 60 cent.

CHAMPAGNE (Philippe de)

(Né à Bruxelles en 1602, mort à Paris en 1674.)

11. — *Portrait de la maréchale de Schomberg.*

La jeune maréchale, assise, les mains croisées sur les genoux, la tête de trois quarts et légèrement inclinée à gauche, porte une robe de soie bleue largement décolletée. Le peintre, dans cette œuvre remarquable, a su imprimer aux traits, comme à l'attitude de cette jeune et jolie femme, un caractère particulier de gravité et de réflexion.

Le tableau porte à la partie supérieure l'inscription suivante : *Suzanne d'Aumale, maréchale de Schomberg, duchesse de Mertola, grande de Portugal.*

Toile; cadre doré.

Haut., 1^{m},10; larg., 90 cent.

CHAMPAGNE (PHILIPPE DE)

12. — *Portrait d'une veuve.*

Un voile noir enveloppe entièrement la tête et le buste et ne laisse apercevoir que le visage, admirable par son expression de douleur contenue. Cette fort belle peinture met bien en relief la qualité maîtresse de Champagne, qui excellait à rendre les sentiments de l'âme par la précision des traits significatifs du visage et des rides essentielles et décisives.

Toile ovale ; cadre du temps magnifique, en bois doré et sculpté.

Haut., 72 cent.; larg., 62 cent.

CHARDIN (JEAN-BAPTISTE-SIMÉON)

(Né à Paris en 1699, mort en 1779.)

13. — *Nature morte.*

Vase en albâtre entouré de fruits, de fleurs et de légumes, peints avec une remarquable vérité.

Toile.

Haut., 74 cent.; larg., 60 cent.

CLOUET (FRANÇOIS)

(École de)

(1510 à 1572.)

14. — *Portrait de Nicolas de Langes, seigneur de Laval et de Dommartin en Lyonnais, président au Parlement de Dombes et au siège présidial de Lyon.*

Il se présente de face, avec un manteau rouge sur les épaules, une toque noire sur la tête et une paire de gants à la main.

Bois ; cadre palissandre.

Haut., 60 cent.; larg., 45 cent.

COROT (JEAN-BAPTISTE-CAMILLE)

(Né à Paris en 1796, mort en 1875.)

15. — *Paysage (Etude).*

Au premier plan, dans un champ, un homme baissé ramasse des herbes; plus loin, dans un chemin pratiqué sous des arbres touffus, une femme s'éloigne. Ce tableau est garanti de Corot. Signé à droite, en bas : *Corot.*

Toile ; cadre doré.

Haut., 50 cent.; larg., 40 cent.

COYPEL (ANTOINE)

(Né à Paris en 1661, mort en 1722.)

16. — *Zéphyre et Flore.*

Flore, mollement étendue au bord d'une rivière dont l'eau limpide reflète sa gracieuse image, est à demi enveloppée dans des draperies de divers tons. A sa droite, Zéphyre, dans une attitude gracieuse et naturelle l'enveloppe de guirlande de fleurs. Derrière, se détachant sur le fond sombre des arbres, un Amour dans les airs, les bras étendus, tient dans une main un flambeau.

Toile; cadre en bois doré et sculpté.

Haut., 1m,35 ; larg., 1m,10.

DANLOUX (PIERRE)

(Né à Paris en 1745, mort en 1809.)

17. — *Portrait d'un mendiant.*

Un vieux mendiant, l'habit déchiré, tend son chapeau d'un air suppliant.

Toile; cadre doré.

Haut., 65 cent.; larg., 51 cent.

DECAMPS (ALEXANDRE-GABRIEL)

(Né à Paris en 1803, mort en 1860.)

18. — *Étude de chien épagneul.*

Petit chien blanc et noir couché sur un coussin de velours rouge.

Toile, cadre doré.

Haut., 25 cent.; larg., 30 cent.

DECAMPS (ALEXANDRE-GABRIEL)

19. — *Étude de chien.*

Haut., 30 cent.; larg., 20 cent.

DEMARNE (JEAN-LOUIS)

(Né à Bruxelles en 1744, mort à Paris en 1829.)

20. — *L'abreuvoir champêtre.*

Dans un délicieux paysage, aux confins d'un bois gaîment ensoleillé, se pressent autour d'un abreuvoir plusieurs paysans et paysannes conduisant leurs animaux. Penchée sur le bassin de la fontaine, une vache se désaltère pendant qu'un petit pâtre remplit d'eau son écuelle. Tout près, un jeune paysan monté sur un âne retient à grand'peine celui-ci, que la fraîcheur de l'eau attire, et une vache, les cornes baissées, défend son veau contre les attaques d'un gros chien au poil hérissé. Derrière, deux paysannes reviennent des champs en causant; l'une d'elles est montée sur un mulet à la tête empanachée, l'autre porte sur la tête un panier où l'on aperçoit des épis. Un peu à gauche, un cavalier enveloppé d'un manteau marron fait fuir devant son cheval une chèvre, son cabri et quelques moutons. Enfin, sur un chemin qui suit la lisière du bois une charrette s'éloigne emportant une troupe de moissonneurs.

La lumière inonde cette charmante composition où Demarne a mis le meilleur de son talent.

Toile; cadre doré.

Haut., 40 cent.; larg., 50 cent.

DE TROY (Jean-François)

(Né à Paris en 1679, mort à Rome en 1752.)

21. — *Portrait de femme.*

Une jeune et jolie femme, aux cheveux poudrés, caresse de la main droite une levrette. Elle est vêtue d'une robe de damas jaune décolletée; un manteau retenu par de belles agrafes ornées de pierreries couvre ses épaules.

Cette toile présente réunies toutes les qualités de coloris et de touche aisée et harmonieuse qui caractérisent les meilleurs portraits de de Troy.

Toile; cadre en bois doré sculpté.

Haut., 80 cent.; larg., 60 cent.

DROUAIS (François-Hubert)

(Né à Paris en 1727, mort dans la même ville en 1775.)

22. — *Portrait d'un architecte.*

Vêtu d'un habit de velours rouge s'ouvrant sur un gilet de soie jaune sur lequel retombe un jabot de fine dentelle, il est de face, les cheveux poudrés. Un marteau masque sa main gauche, de la droite, il tient un compas. Derrière lui, sur une table une sphère et quelques parchemins.

Toile; cadre doré.

Haut., 90 cent.; larg., 70 cent.

DUPRÉ (Louis)

(Élève de David)

(Né à Versailles en 1789.)

23. — *Portrait de jeune femme.*

Elle est vue de face assise dans un fauteuil, coiffée suivant la mode du Ier Empire et vêtue d'une robe de gaze blanche serrée à la ceinture par une écharpe de couleur.

Toile ; cadre doré.

Haut., 40 cent. ; larg., 30 cent.

FRAGONARD (Jean-Honoré)

(Né à Grasses en 1732, mort à Paris en 1806.)

24. — *L'orage.*

Un paysan fuit devant l'orage et presse son attelage de bœufs traînant péniblement dans le chemin pierreux une charrette chargée. L'un des bœufs s'abat tandis que les arbres se courbent et fléchissent sous les coups de la rafale qui redouble d'intensité. Un éclair sillonne les nues et non loin de là, la foudre tombe sur une chaumière qu'elle incendie.

Toile ; cadre doré en bois sculpté.

Haut., 45 cent. ; larg., 70 cent.

FRAGONARD (Jean-Honoré)
(École de)

25. — *Paysage, dessus de porte.*

Au bord d'un étang une jeune femme joue du flageolet, assis à ses côtés un jeune homme et une fillette l'écoutent attentivement.

Toile; cadre doré, bois sculpté.

Haut., 90 cent.; larg., 70 cent.

FRAGONARD (Jean-Honoré)

26 — *Les Amours guerriers.*

Deux Amours ailés, enguirlandés de fleurs et portés par un nuage, jouent de la cymbale et du tambour.

Toile; cadre ovale, très beau, doré, en bois sculpté.

Petit diam., 66 cent.; grand diam., 81 cent.

FRAGONARD (Jean-Honoré)

27. — *La Renommée couronnant les Arts.*

Deux femmes à demi nues représentant les Arts, se tiennent enlacées. Elles sont couronnées par la Renommée qui plane au-dessus d'elles, avec la trompette allégorique dans l'une de ses mains et deux couronnes dans l'autre. A leurs pieds, les attributs des Arts et tout autour d'elles des

Amours ailés jouent entre eux ou portent des guirlandes de fleurs.

Toile ; cadre ovale doré.

Haut., 60 cent. ; larg., 50 cent.

GELÉE (Claude) dit CLAUDE LE LORRAIN

(Né en 1600 au château de Champagne, mort en 1682.)

28. — *Paysage animé.*

Au pied d'un rocher escarpé, un berger observe son troupeau qui se désaltère dans l'eau d'un torrent. Sur la route qui longe le rocher une femme à cheval portant un petit enfant et suivie d'un homme.

Toile ; cadre en bois noir.

Haut., 50 cent. ; larg., 70 cent.

GRIMOU (Jean-Alexis)

(Né à Romont en 1680, mort à Paris en 1740.)

29. — *Le Joueur de flageolet.*

Il est vêtu d'un habit de couleur sombre rehaussé par quelques broderies blanches et coiffé d'un béret noir orné d'une belle plume ; le visage est de trois quarts, le cou découvert. Il tient des des deux mains le flageolet dont il tire des sons ; ses cheveux bruns et frisés s'échappent abondants de son béret.

Toile ; cadre en bois doré et sculpté.

Haut., 80 cent. ; larg., 65 cent.

GRIMOU (Jean-Alexis)

30. — *Le Concert dans le parc* (D'après Watteau).

Dans un charmant paysage une jeune femme assise sur un banc rustique, tient un cahier de musique ; deux enfants sont appuyés sur ses genoux. Devant elle, un jeune musicien accorde sa viole ; derrière elle, un compagnon suit des yeux cette scène. Le coloris est vif et les personnages gracieux.

Toile ; cadre baguettes dorées.

Haut., 40 cent.; larg., 60 cent.

GRIMOU (Jean-Alexis)

31. — *Portrait de jeune femme.*

Elle est vêtue d'une robe marron décolletée et garnie d'un ruché de soie bleue. Elle tient dans sa main un masque ; une plume bleu pâle pare ses cheveux poudrés à frimas.

Toile ; cadre bois sculpté.

Haut., 55 cent.; larg., 45 cent.

JEAURAT DE BERTRY (Nicolas-Henri)

(florissait vers 1750).

32. — *Portrait de Marie Leczinska.*

La reine, vue de trois quarts, sourit légèrement, la tête enveloppée d'une fanchon noire et la main droite appuyée sur une canne.

Ce portrait a été peint d'après le pastel de Latour, qui se trouve au Louvre.

Toile ; cadre doré.

Haut., 55 cent.; larg., 45 cent.

JOUVENET (JEAN)

(Né à Rouen en 1644, mort en 1717.)

33. — *Le Repas chez Simon.*

Au premier plan, le Christ assis à une table au milieu de nombreux convives ; à ses pieds, Madeleine, les cheveux épars, répand des parfums sur les pieds de son divin maître ; la figure compatissante du Christ fait contraste avec l'expression d'étonnement et de dédain qui se lit sur tous les autres visages.

Toile ; cadre doré sculpté.

Haut., 1^m,03 ; larg., 1^m,66.

LACROIX (FRANÇOIS)

(XVIIIe siècle)

34. — *Paysage, panneau décoratif.*

Au premier plan, un troupeau de vaches conduit par son berger se baigne dans une rivière coulant au pied d'un rocher à pic; au second plan, un château; dans le fond, des montagnes bleuâtres.

Toile.

Haut., 2^m,18; larg., 1^m,18.

LACROIX

35. — *Paysage, panneau décoratif.*

Au premier plan, deux femmes arrangent, dans un panier, les poissons que vient de retirer de son filet un pêcheur; non loin de là des pêcheurs à la ligne, tout près d'une cascade. Au second plan, des ruines sur un rocher élevé; dans le lointain, des montagnes.

Toile.

Haut., 2^m,18; larg., 1^m,12.

LACROIX

36. — *Paysage, panneau décoratif.*

Un berger assis au bord d'une rivière garde des moutons et des vaches. De la falaise qui surplombe la rivière tombe une petite cascade; dans un lointain légèrement brumeux une ligne de montagnes.

Toile.

Haut., 2^m,18; larg., 1^m,12.

LACROIX

37. — *Paysage, panneau décoratif.*

Au premier plan, un grand arbre, une rivière, deux pêcheurs qui retirent leur filet, un troisième qui est couché paresseusement et une femme qui se dirige vers l'eau. Dans le lointain, une ligne blanchâtre qui paraît être la mer.

Toile.

Haut., 2m,18 ; larg., 1m,18.

LANCRET (Nicolas)

(Né à Paris en 1650, mort dans la même ville en 1743.)

38. — *Repas champêtre. Dessus de porte.*

Dans un charmant paysage, autour d'une table dressée, quelques jolies femmes écoutent avec complaisance les galants propos de leurs gais compagnons ; à leur gauche, un jeune musicien apprête sa mandoline. Les figures sont gracieuses, le coloris est vif et le sujet fort bien composé.

Toile.

Haut., 45 cent.; larg., 1m,20.

LANTARA (Simon-Mathurin)

(Né à Oncy en 1729, mort à Paris en 1778.)

39. — *Paysage avec figures.*

Au bord d'une rivière qui court en serpentant au milieu d'un charmant paysage, quelques personnes attendent pour se faire transporter sur l'autre rive que le bac, qui traverse en ce moment le cours d'eau, soit de retour. Un pâtre, appuyé sur son bâton et gardant son âne et une vache, contemple la scène.

Toile; cadre bois sculpté, doré.

Haut., 1m,10; larg., 40 cent.

LARGILLIÈRE (Nicolas)

(Né à Paris en 1656, mort dans la même ville en 1746.)

40. — *Portrait d'homme.*

On le voit de face, orné de la grande perruque Louis XIV. Il est drapé dans un manteau rouge, qui laisse apparaître son jabot de dentelle.

Toile ovale; beau cadre en bois doré et sculpté.

Haut., 60 cent.; larg., 40 cent.

LARGILLIÈRE (Nicolas)

41. — *Portrait d'homme.*

Orné de la perruque Louis XIV, ce personnage, vu de face, est drapé dans un manteau bleu, qui laisse passer la dentelle de la chemise.

Toile ovale.

Haut., 80 cent.; larg., 64.

LARGILLIÈRE (Nicolas)

42. — *Portrait de femme.*

Elle est vue de face, les cheveux poudrés et relevés sur la tête, avec deux boucles tombant sur ses épaules nues. Elle porte un manteau de soie bleue, avec revers plus foncés, s'ouvrant sur une robe de satin blanc décolletée.

Toile; beau cadre en bois doré et sculpté, ovale.

Haut., 81 cent.; larg., 61 cent.

LECLERC (Jean)

(Né à Nancy en 1587, mort en 1639.)

43. — *Portrait de la duchesse de Joyeuse.*

La duchesse se présente debout, en grand costume XVIe siècle : la fraise autour du cou et les manchettes tuyautées aux poignets. La main gauche pend le long du corps et tient un mouchoir; la main droite est relevée à la hauteur de la poitrine.

Toile; cadre noir.

Haut., 1 mètre; larg., 75 cent.

LEDOUX (Mlle Philiberte)

(Née en 1815, morte en....)

44. — *Les Écosseuses de pois.*

Sur un tonneau recouvert d'une planche, une corbeille remplie de pois que deux femmes écossent, tandis qu'un vieillard leur apporte une nouvelle provision. Un peu plus loin, un petit enfant, debout, tient une tasse de lait, et, avec ses mains maladroites, en laisse tomber une partie; sa mère, assise à son côté, tâche avec sa main de préserver son vêtement.

Toile.

Haut., 1 mètre; larg., 90 cent.

LES FRÈRES LENAIN

Louis, né à Laon en 1583, mort en 1648.
Antoine, né à Laon en 1588, mort en 1648.
Mathieu, né à Laon en 1593, mort en 1677.

45. — *Le Brelan.*

Assis autour d'une table, plusieurs gentilshommes, le feutre sur la tête et l'épée au côté, jouent aux cartes, tandis qu'une jeune femme joue de la guitare et qu'une autre suit le jeu de son compagnon.

Toile; cadre noir.

Haut., 40 cent.; larg., 55 cent.

LES FRÈRES LENAIN

46. — *Portrait d'homme.*

Il est de face, le grand col à guipure rabattu et porte un vêtement à grands ramages.

Toile ; cadre noir.

Haut., 60 cent.; larg., 50 cent.

LESUEUR (Eustache)

(Né à Paris en 1617, mort dans la même ville en 1655.)

47. — *La Tentation de Notre-Seigneur.*

Le Christ assis sous un arbre repousse le tentateur qui, sous la forme d'un homme, lui demande de transformer les pierres en pain. Tout près une rivière et dans le lointain un paysage aride et montagneux.

Toile ; cadre doré.

Haut., 90 cent.; larg., 60 cent.

LÉVIGNE

Peintre lyonnais contemporain.

48. — *Tête de veau.*

Toile ; cadre doré.

Haut., 60 cent.; larg., 40 cent.

LOUTHERBOURG (Jacques-Philippe)

(Né à Strasbourg en 1740, mort à Londres en 1814.)

49. — *L'Orage.*

Le ciel absolument sombre est sillonné d'éclairs, la foudre tombe sur un chêne et un troupeau affolé par l'éclat du tonnerre se disperse de tous les côtés, tandis que le berger et la bergère se sauvent eux-mêmes fort effrayés sans songer à rassembler leurs animaux.

Toile; cadre doré.

Haut., 40 cent.; larg., 70 cent.

MIGNARD (Nicolas) dit MIGNARD D'AVIGNON

(Né à Troyes en 1605, mort à Paris en 1668.)

50. — *Portrait d'Anne d'Autriche en abbesse de Chelles.*

Elle est vue de trois quarts avec la tête recouverte d'une coiffe noire qui lui cache les cheveux et le front; une collerette blanche nouée sur la poitrine recouvre ses épaules.

Toile; cadre doré.

Haut., 60 cent.; larg., 50 cent.

MIGNARD (Nicolas)

51. — *Portrait de femme.*

Elle est vue de trois quarts et ses cheveux blonds et bouclés retombent sur ses épaules nues. Elle porte un corsage de velours bleu, largement décolleté et garni de perles et de dentelles. De la main droite, elle retient sur ses genoux une brassée de tulipes.

Toile ; cadre bois doré et sculpté.

Haut., 80 cent.; larg., 60 cent.

MIGNARD (Pierre) dit MIGNARD LE ROMAIN

(Né à Troyes en 1630, mort à Paris en 1595.)

52. — *Portrait de la grande dauphine.*

La jeune princesse, costumée en Cérès, avec une gerbe de fleurs et d'épis mûrs dans les mains se tient debout sous un arbre qui la protège de son épais feuillage. Dans ses cheveux bruns et bouclés, retenu et fixé par des épingles ornées de pierreries, on aperçoit un bouquet d'épis.

Toile ; cadre bois doré sculpté.

Haut., $1^m,20$; larg., $0^m,95$.

MIGNARD (Pierre)

53. — *Portrait de femme.*

Elle est représentée debout, dans un parc, avec un croissant dans ses cheveux bouclés qui retombent sur ses épaules nues. Elle est drapée dans un manteau bleu, maintenu par une agrafe sur l'épaule droite, et laissant apercevoir une partie de la poitrine et les bras entièrement nus. Le bras gauche est relevé et retient de la main une fine dentelle autour du cou ; le bras droit pend le long du corps, et autour de la main s'enroule une laisse qui maintient un gros chien.

Toile.

Haut., 1m,20; larg., 97 cent.

MIGNARD (Pierre)

54. — *Portrait de femme.*

On la voit debout dans un parc, le coude appuyé sur un balcon de pierre, l'extrémité du bras relevée et portant une rose à son visage. Le bras droit sort d'une manche amplement drapée et maintient de la main les plis de sa jupe.

Toile.

Haut., 1m,13; larg., 95 cent.

OUDRY (Jean-Baptiste)

(Né à Paris en 1686, mort à Beauvais en 1755.)

55. — *Le Chien et le Chat.*

Un chat, le poil hérissé, le dos ramassé, défend un os contre les attaques d'un gros chien.

Toile.

Haut., 90 cent.; larg., 1m,20.

OUDRY (Jean-Baptiste)

56. — *Le Sérail du doguin.*

Un dogue, assis sur un coussin de velours rouge, avec un croissant sur la tête, fume son chibouk. Il tient suspendu au-dessus d'une chienne épagneule un mouchoir rouge garni d'or; à sa gauche se trouve une autre petite chienne. Au-dessus, les observant, un animal aux yeux fantastiques.

Toile; cadre doré.

Haut., 49 cent.; larg., 60 cent.

OUDRY (Jean-Baptiste)

57. — *Chien de chasse.*

Un chien de chasse garde un chevreuil dans un parc; autour de lui un fusil appuyé contre un rocher et un cor de chasse.

Toile; cadre noir.

Haut., 1 mètre; larg., 1m,30.

POUSSIN (Nicolas)

(Né aux Andelys en 1594, mort à Rome en 1665.)

58. — *Le Temps soustrait la Vérité aux atteintes de l'Envie et de la Discorde.*

Le Temps, sous la figure d'un vieillard, soutenu dans les airs par des ailes, enlève dans ses bras la Vérité représentée par une femme nue, les bras ouverts, le regard tourné vers le ciel. A droite, un enfant ailé porte les attributs du dieu : une serpe et un serpent qui se mord la queue. Dans la partie inférieure de la composition, à droite, l'Envie, la chevelure hérissée de serpents, à gauche, la Discorde, tenant d'une main un poignard, de l'autre une torche allumée.

Ce tableau de chevalet est la première pensée du grand plafond peint par ce maître pour un des salons de l'hôtel du cardinal de Richelieu et qui se trouve actuellement au Louvre. En passant d'une petite toile à une toile immense, le maître a fait quelques changements, au reste peu importants.

Toile.

Haut., 1m,60 ; larg., 1m,28.

POUSSIN (Nicolas)

59 — *Paysage.*

Au premier plan, de grands et beaux arbres et causant au bord d'une rivière deux personnages assis. Au deuxième plan, un pont en pierre, quelques maisons d'architecture romaine et des personnes assises au bord de la rivière. Dans le lointain des montagnes bleuâtres.

Toile.

Haut., 1 mètre; larg., 1m, 30.

PRUD'HON (PIERRE-PAUL)

(Né à Cluny en 1758, mort à Paris en 1823.)

60. — *Le Génie des Arts et des Sciences.*

Un Génie, aux ailes blanches déployées, le corps nu, porte sur la tête une couronne de laurier. Dans la main gauche, il tient une autre couronne et, de la main droite le bras étendu, il paraît indiquer qu'il s'apprête à la poser sur un livre ouvert entouré des divers attributs de la Science. Il foule à ses pieds le masque de la Comédie et la Richesse représentée par une urne renversée laissant échapper les pièces d'or dont elle est remplie. A sa droite, mais toujours à ses pieds, sur un coussin de soie rouge, un violon et un cahier de musique; derrière lui, les attributs de la Peinture et de la Sculpture. A sa gauche, une pyramide, se profilant sur le ciel, symbolise l'Architecture.

Le corps du Génie est une merveille de modelé sans recherche, et le jeu naturel de la lumière et des ombres donne à cette œuvre de premier ordre un relief saisissant.

Toile; cadre doré.

Haut., 97 cent.; larg., 70 cent.

RANC (Jean)

(Né à Montpellier en 1674, mort à Madrid en 1725.)

61. — *Portrait de femme.*

Elle est de trois quarts, le corsage décolleté et des perles dans les cheveux.

Toile.

Haut., 65 cent.; larg., 54 cent.

RIGAUD (Hyacinthe)

(Né à Perpignan en 1659, mort à Paris en 1743.)

62. — *Portrait de femme.*

Elle est vue de face avec un croissant en pierreries dans ses cheveux poudrés, gracieusement relevés sur le sommet de la tête et retenus par un ruban mauve. Elle porte une robe de velours vert au corsage décolleté; le manteau rouge dont elle était drapée a glissé et laisse apercevoir la gorge et les épaules nues.

Toile; cadre ovale en bois sculpté et doré.

Haut., 80 cent.; larg., 64 cent.

RIGAUD (Hyacinthe)

63. — *Portrait d'homme.*

Il est de face et porte la grande perruque Louis XIV. Le cou est dégagé et le reste du buste est drapé dans un manteau qui laisse paraître le jabot de dentelle fine.

Toile; cadre en bois doré, sculpté.

Haut., 80 cent.; larg., 64 cent.

ROBERT (Hubert)

(Né à Paris en 1733, mort dans la même ville en 1808.)

64. — *Paysage animé. Dessus de porte.*

Au pied d'un arbre deux jolies femmes étendues et derrière l'arbre un homme qui apparaît. A gauche, des cascades et un homme qui ramène des filets. Au deuxième plan, des ruines sur un rocher. Le coloris est très vif et les personnages peints avec une finesse extrême.

Toile.

Haut., 45 cent.; larg., 1m,20.

TARAVAL (Hugues)

(Né en 1728, mort à Paris en 1785.)

65. — *Hercule et Omphale.*

Omphale, assise au pied d'un arbre, cherche à retenir de la main gauche les plis de sa robe qui glisse en laissant apercevoir déjà une partie de sa poitrine; elle écoute les tendres propos d'Hercule assis à sa gauche. Celui-ci, à demi nu, appuie sa main droite sur l'épaule d'Omphale et tient de l'autre main la quenouille dont un Amour ailé fait tourner le fuseau. Un second petit Amour suit cette scène du regard.

Toile ; cadre doré.

Haut., $1^{m},20$; larg., $1^{m},20$.

VAN LOO (Carlo-Andréa)
(vulgairement CARLE VAN LOO)

(Né à Nice en 1705, mort à Paris en 1765.)

66. — *Le Menuet au camp.*

Un gentilhomme des gardes françaises et une jeune et jolie femme dansent gracieusement le menuet sous une toile tendue entre deux arbres, tandis que plusieurs musiciens les entourent et les accompagnent du son de leurs instruments. A droite et à gauche de ce groupe principal, plusieurs autres groupes de gardes-françaises et leurs charmantes compagnes contemplent cette scène ou festoient gaiement sur l'herbe. A proximité, on aperçoit le camp et les sentinelles qui le gardent, plus loin une rivière, un pont et quelques collines. Plus de quarante personnages animent cette scène gracieuse peinte avec ce coloris vif et ce ton gai qui caractérisent Van Loo. Cette composition rappelle du reste à plus d'un titre la *Halte de chasse* du même maître qui se trouve dans la grande galerie du Louvre.

Toile ; cadre doré en bois sculpté.

Haut., 90 cent.; larg., $1^{m},20$.

VAN LOO (Carle)
(École de)

67. — *Portrait de Marie Leczinska.*

La reine est vue de face, la main droite appuyée sur un diadème. Ses cheveux poudrés retombent en boucles sur sa poitrine découverte. Le manteau royal doublé d'hermine couvre à moitié ses épaules nues et laisse apercevoir une robe de satin rouge richement ornée.

Toile ; cadre en bois doré et sculpté.

Haut., 80 cent.; larg., 60 cent.

VAN LOO (Carle)
(École de)

68. — *Portrait de Marie Leczinska.*

La reine, vue de face, porte un diadême dans ses cheveux poudrés. Elle est vêtue d'une robe de damas vert décolletée et le manteau royal doublé d'hermine couvre ses épaules.

Toile ; cadre doré.

Haut., 75 cent.; larg., 65 cent.

VAN LOO (Carle)
(Ecole de)

69. — *Portrait d'homme*

Il est de face, les cheveux poudrés ; il porte une cuirasse et par dessus un habit de velours vert à brandebourgs d'argent.

Toile; cadre noir, avec filets dorés.

Haut., 80 cent.; larg., 64.

VERNET (Claude-Joseph)

(Né à Avignon en 1714, mort à Paris en 1789.)

70. — *Le Port de Messine.*

Au premier plan, sur le rivage, des groupes de pêcheurs causant entre eux, et, dans une anse, quelques petits navires abrités et des bateaux qui circulent; à droite et au deuxième plan, les tours crénelées de Messine, quelques maisons et de nombreux pêcheurs. Dans le lointain, un volcan qui fume.

Toile.

Haut., $1^m,15$; larg., $1^m,50$.

VERNET (Claude-Joseph)

71. — *Paysage animé.*

Auprès d'une cascade ombragée par de grands et beaux arbres, une bergère garde quelques chèvres; à côté de son mulet chargé, un muletier, appuyé sur son bâton, lie conversation avec elle; à gauche, un pêcheur retire ses filets.

Toile.

Haut., 70 cent.; larg., $1^m,10$.

VERNET (Claude-Joseph)

72. — *Paysage animé.*

Au premier plan, trois personnes, abritées par un arbre, causent entre elles ; non loin de là, un bateau chargé de deux personnes traverse une petite rivière ; au deuxième plan, maisons et ruines.

Toile ; cadre doré.

Haut., 45 cent. ; larg., 55 cent.

VERNET (Claude-Joseph)

73. — *Paysage animé.*

Au premier plan, on voit des pêcheurs réparant leur bateau au pied d'un arbre ; à gauche une masse imposante de rochers projetant leur ombre sur la scène, et dans le fond une rivière et quelques constructions diverses.

Toile.

Haut., 47 cent. ; larg., 72 cent.

VERNET (Claude-Joseph)

74. — *Marine. Dessus de porte.*

Un pêcheur sur le bord de la mer retire ses filets ; sur sa droite, dans le lointain, quelques tours crénelées; à l'horizon et au large, un navire s'avance, voiles déployées.

Toile.

Haut., 30 cent. ; larg., 1m,10.

VIGÉE-LEBRUN (Mme MARIE-LOUISE-ÉLISABETH)

(Née à Paris en 1755, morte à Paris en 1842.)

75. — *Portrait d'homme debout dans un parc.*

Il est vêtu d'un habit de couleur sombre s'ouvrant sur un gilet de satin rayé vert et blanc. Le visage est de trois quarts, avec les cheveux poudrés et le cou en partie caché par une cravate de mousseline. Le corps légèrement incliné, il s'appuie du bras gauche sur le socle d'une statue, tandis qu'il tient sa main droite dans la poche de son vêtement et semble regarder au loin.

Cette excellente peinture peut rivaliser avec les plus belles œuvres du maître.

Toile; cadre du temps en bois sculpté et doré.

Haut., 1m,20 ; larg., 1m,10.

ÉCOLE DE FONTAINEBLEAU

76. — *Grisaille.*

Une Muse étendue tient un livre sur une de ses jambes repliée.

Haut., 50 cent.; larg., 80 cent.

ÉCOLE FRANÇAISE

(Empire.)

77. — *Portrait de femme en buste.*

Vue de trois quarts, la tête légèrement inclinée à droite; avec un croissant dans ses beaux cheveux blonds. Elle porte une robe de soie blanche largement décolletée.

Toile ; cadre doré.

Haut., 60 cent.; larg., 44 cent.

ÉCOLE FRANÇAISE

78. — *Portrait de Louis XIV en César.*

Toile.

Haut., 90 cent.; larg., 70 cent.

ÉCOLE FRANÇAISE

(XVIIIe siècle.)

79. — *Portrait d'un prince français.*

Toile; cadre doré.

Haut., 70 cent.; larg., 60 cent.

ÉCOLE FRANÇAISE

(XVIIIe siècle.)

80. — *Paysage. Dessus de porte.*

Dans un fort joli paysage, deux femmes assises à l'ombre d'un arbre, avec un mouton à leurs pieds, causent entre elles. Peinture très finement traitée.

Toile.

Haut., 63 cent.; larg., $1^m,17$.

ÉCOLE LYONNAISE

81. — *Fleurs dans un vase en cuivre.*

Toile ; cadre doré.

Haut., 45 cent.; larg., 51 cent.

ÉCOLE ITALIENNE

ALBANI (FRANCESCO) vulgairement l'ALBANE

(Né à Bologne en 1578, mort dans la même ville en 1660.)

82. *Les Amours désarmés.*

Sur une pelouse ombragée par de grands arbres, de jeunes et jolies Nymphes s'approchent d'Amours endormis, leur enlèvent leurs armes et leur coupent leurs ailes. Au deuxième plan, d'autres Nymphes font un feu de joie avec les produits de leur larcin. Dans le lointain, la mer apparaît.

Toile; cadre en bois doré.

Haut., 62 cent.; larg., 80 cent.

ALBANI (FRANCESCO)

83. — *Vénus endormie.*

Au pied d'un arbre plusieurs Amours nus contemplent Vénus endormie. D'autres Amours se baignent dans une rivière voisine; d'autres encore voltigent en l'air en tenant la ceinture de Vénus.

Pendant du numéro précédent.

Toile; cadre en bois doré sculpté.

Haut., 62 cent.; larg., 80 cent.

FRANÇOIS BASSAN (FRANCESCO DA PONTE, dit)

(Né à Bassano en 1550, mort en 1592.)

84. — *Jésus chez Marthe et Marie.*

A gauche, le Christ suivi de ses disciples, entre chez Marthe et Marie qui s'inclinent au-devant de lui. Au milieu un homme assis près d'une table servie. A droite, une servante s'empressant autour du foyer. A terre, un chat défendant son écuelle contre un chien, des volailles plumées posées sur un linge, et des poissons dans une corbeille. On retrouve dans cette composition tout le chaud coloris de Bassan.

Toile.

Haut., 80 cent.; 1m, 10.

BASSAN (François)

85. — *Jésus chez Lévy.*

A gauche, un groupe de femmes autour d'un feu de bois et debout devant un dressoir chargé d'ustensiles de cuisine, une servante lave la vaisselle ; à ses pieds, sur le sol, une autre servante frotte des cuivres. Au milieu, un personnage assis et à gauche, le Christ, avec plusieurs personnes autour d'une table servie.

Pendant du numéro précédent.

Toile.

Haut., 80 cent.; larg., 1m,10.

BIBBIENA (François GALLI, dit)

(Né à Bologne en 1656, mort en 1729.)

86. — *Paysage avec architecture.*

Au bord de la mer, à droite, se dresse la masse imposante d'un palais en ruine, et assises auprès d'une fontaine plusieurs femmes. A droite, un guerrier et quelques autres personnages. Sur la mer, un navire et quelques barques.

Toile.

Haut., 76 cent.; larg., 1m,29.

CALCAR (Johan)

(Né à Calcar en 1500, mort à Naples en 1546.)

87. — *Portrait d'un Docteur.*

Il est de trois quarts et vêtu d'un costume sombre, sur lequel ressortent sa collerette et ses manchettes blanches. Sa main gauche est appuyée sur une table portant un encrier et une plume, tandis que la main droite semble, du geste, souligner une indication.

Toile ; cadre doré.

Haut., 1m,06 ; larg., 83 cent.

CANALETTI (Antonio da CANAL, dit)

(Né à Venise en 1697, mort dans la même ville en 1768.)

88. — *Vue de Venise.*

Vue d'une partie du palais des doges, de la Piazzetta, du palais de la Monnaie, du grand canal et de Santa Maria della Salute. Gondoles sur le canal, nombreux personnages sur la place.

Toile ; cadre doré.

Haut., 30 cent. ; larg., 50 cent.

CANALETTI (Antoine)

89. — *Vue de Venise.*

Vue d'une partie du grand canal avec nombreuses gondoles circulant. Vue également de l'île de San Giorgio Maggiore et de l'église de ce nom.

Pendant du précédent.

Toile ; cadre doré.

Haut., 30 cent.; larg., 50 cent.

CANALETTI (Antoine)

90. — *Vue de Venise.*

Même sujet que le précédent. Signé : *A. Canaletti,* sur la porte de l'église.

Toile ; cadre doré.

Haut., 80 cent.; larg., 1m 20.

CIMA DA CONEGLIANO

(1480 à 1520.)

91. — *Saint Jean Baptiste.*

Il est deboût, dans un paysage, appuyé sur un bâton, vêtu d'une draperie rouge et d'une peau de bête, avec un agneau à ses pieds.

Bois; cadre bois doré.

Haut., 66 cent.; larg., 52 cent.

LE CARAVAGE (AMERIGHI-MICHEL-ANGIOLO, dit)

(Né à Caravaggio en 1569, mort en 1609.)

92. — *Le joueur de flageolet.*

Un homme, le torse nu, enveloppé d'une draperie bleue, coiffé d'un toque ornée d'une plume bleue, joue du flageolet.

Toile; cadre doré.

Haut., 50 cent.; larg., 40 cent.

LE CORRÈGE (ANTONIO ALLEGRI, dit) (École de)

(Né à Corregio en 1494, mort en 1534.)

93. — *Saint-Jean.*

Étude de tête.

Toile; cadre bois noir.

Haut., 50 cent.; larg., 40 cent.

CRIVELLI (JACQUES)

(Vers 1760.)

94. — *Une réunion d'oiseaux dans un parc.*

Toile; beau cadre en bois noir sculpté avec filets dorés.

Haut., 1m,20; larg., 2m,20.

DOLCI (Carlo)

(Né à Florence en 1616, mort en 1686.)

95. — *Vierge en prière.*

Elle est de trois quarts la tête légèrement inclinée, ses deux mains jointes et tous les traits de son visage exprimant une paisible adoration.

Toile ; cadre bois doré sculpté.

Haut., 40 cent.; larg., 30 cent.

FRANCESCA (Piero della)

(Né vers 1416 à Borgo-San-Sepolcro, mort en 1492.)

96. — *Portrait d'une dame du XVe siècle.*

Elle est représentée de profil et porte la coiffe des dames nobles du xve siècle. Cette coiffe lui enveloppe une partie des cheveux et retombe en plis gracieux sur les épaules. Elle est brodée d'or et de soie et sa partie antérieure faite en filigrane d'or porte une bordure en perle fines. Des cheveux blonds, tellement fins qu'ils paraissent dessinés un par un, dépassent légèrement la coiffe.

La robe, décolletée, est richement brodée d'or et rehaussée par des pierres précieuses entourées de perles fines. Elle porte un tour de cou en perles fines et un collier à triple rang de perles identiques ruisselle sur sa poitrine. Enfin, un tissu de gaze fine lui enveloppe une partie des épaules.

Le coloris a la légèreté, la clarté, la transparence, qui sont les caractéristiques du talent du maître. La précision, la finesse et le soin apportés dans la reproduction de tous les détails sont vraiment merveilleux, et la correction la pureté du dessin assignent une fois de plus à Piero della Francesca le premier rang parmi les primitifs.

Tableau dans un état de conservation parfaite.

Bois; cadre en bois noir.

Haut., 40 cent,; larg., 30 cent.

GAROFALO (Benvenuto Tisio, dit le)

(Né à Garofalo en 1581, mort en 1559.)

97. — *La Nativité.*

Dans un délicieux paysage, s'élèvent des rochers sous lesquels on aperçoit l'âne et le bœuf près desquels le Christ est né. La Vierge a posé à terre l'enfant devant les grottes. Il repose, la tête appuyée sur un coussin rouge, et le corps sur un pan du manteau bleu de sa mère. Elle est à genoux devant lui, les mains jointes, et le contemple avec bonheur. Saint Joseph, assis sur les marches d'une maison, médite, la tête appuyée sur sa main gauche, en tournant ses regards vers le ciel. Un moine est à genoux et adore l'enfant. Un autre personnage accourt du côté gauche.

Cette scène, pleine d'une grandiose poésie, est néanmoins d'une simplicité touchante.

Bois ; cadre en bois sculpté et doré.

Haut., 47 cent.; larg., 38 cent.

LONGHI (Pierre)

(Né à Venise en 1702.)

98. — *Portrait de femme.*

Elle est de face, les cheveux poudrés, une petite toque sur la tête ; elle porte une robe de velours noir décolletée et tient un masque à la main.

En haut du tableau, à gauche, on lit : *Belle parole cattivi fatti, ingannono favii e matti.*

Toile.

Haut., 75 cent.; larg., 60 cent.

LE PARMESAN (MAZZOLA Francesco, dit)

(Né à Parme en 1503, mort à Casalmaggiore en 1540.)

99. — *Sainte-Famille.*

L'Enfant Jésus, que la Vierge tient sur ses genoux, se penche en souriant vers Élisabeth agenouillée. La Vierge abaisse ses regards sur l'enfant d'Élisabeth qui s'appuie contre elle et Joseph debout, à gauche de la Vierge, assiste recueilli à cette scène touchante.

Bois ; cadre noir avec filets d'or.

Haut., 70 cent.; larg., 50 cent.

ROSA (SALVATOR)

(Né à Arenella en 1615, mort en 1673.)

100. — *Paysage avec architecture.*

Des femmes lavent leur linge à une source dominée par une ruine. Dans le lointain, paysage lumineux.

Toile.

Haut., 46 cent.; larg., 63 cent.

ROSA (SALVATOR)

101. — *Paysage avec architecture.*

Quelques guerriers assis au pied de ruines situées dans un paysage agreste.

Toile.

Haut., 46 cent.; larg., 63 cent.

ROSSO (ROSSO del)

(Né à Florence vers 1496, mort vers 1540.)

102. — *Bacchanale.*

A cheval sur un tonneau, Silène, soutenu par deux faunes, vide des coupes en l'honneur de Bacchus, tandis qu'une femme et un homme, à demi-nus, dorment à terre à côté l'un de l'autre ; d'autres personnages nus se livrent à des libations copieuses.

Bois ; cadre doré.

Haut., 60 cent.; larg., 80 cent.

SACCHI (MARCELLO)

(XVIe siècle.)

103. — *Portrait d'homme.*

Il est de trois quarts, assis dans un fauteuil, vêtu d'un costume sombre et écrivant des lettres. Signé en bas, à droite : *Marcello Sacchi.*

Toile.

Haut , 1m,30; larg., 1m,10.

TIEPOLO (GIOVANNI-BATTISTA)

(Né à Venise en 1692, mort à Madrid en 1770.)

104. — *Moïse sauvé des eaux.*

La fille de Pharaon, en costume du XVIIe siècle, la traîne portée par un jeune nègre, s'approche, accompagnée de sa suivante, du bord de l'eau, tandis qu'une servante retire la corbeille renfermant Moïse. Palais dans le lointain, sur le bord de la rivière.

Toile ; cadre en baguettes dorées.

Haut., 55 cent.; larg., 45 cent.

TINTORET (ROBUSTI JACQUES, dit LE)

(Né à Venise en 1512, mort en 1594.)

105. — *Portrait de la princesse de Gonzague.*

La princesse, en riche costume du XVIe siècle, porte dans ses cheveux un diadème de pierres fines et est revêtue d'un manteau orné de perles et de pierreries. Elle a le bras droit appuyé sur une table et retient du bras gauche un chapelet agrafé à sa ceinture.

Ce magnifique portrait est peint avec cette correction dans le dessin, cette vigueur et cette science dans la touche, et enfin cette chaleur dans le coloris, qui caractérisent les meilleures œuvres du Tintoret.

Toile. Magnifique cadre de l'époque, en bois sculpté et doré.

Haut., 1m,10; larg., 85 cent.

VÉRONÈSE (CALIARI Paolo, dit Paul)

(Né à Vérone en 1528, mort en 1588.)

106. — *Portrait d'un jeune Vénitien.*

Il se présente de trois quarts, retenant d'une main les plis de son manteau rouge sombre. Sur ses longs cheveux bruns un bonnet vénitien laissant à découvert un front qui ajoute à la noblesse de son expression.

Toile ; cadre bois doré et sculpté.

Haut., 70 cent.; larg., 53 cent.

VÉRONÈSE (Paul)

(École de)

107. — *Laure et Pétrarque.*

Laure est vue de trois quarts, à côté de Pétrarque, qui se présente de profil, couronné de lauriers.

Toile ; cadre bois noir et doré.

Haut., 66 cent. ; larg., 53 cent.

ZUCCARELLI (François)

(Né à Pitigliano en 1702, mort en 1788.)

108. — *Paysage animé.*

Des moutons et des vaches se reposent sur un tapis de verdure, à l'ombre d'un rocher, tandis qu'une bergère trait une des brebis.

Toile ; cadre doré, rond.

Diam., 70 cent.

ZUCCARELLI (François)

109. — *Paysage animé.*

Des moutons et des vaches s'abreuvent à l'eau claire d'une rivière, tandis que le berger rapporte dans ses bras un agneau qui s'était éloigné.

Pendant du précédent.

Toile ; cadre doré, rond.

Diam., 70 cent.

ÉCOLE VÉNITIENNE

(XVIIIe siècle.)

110. — *Trumeau avec glace.*

ÉCOLE VÉNITIENNE

(XVIIIe siècle.)

111. — *Trumeau avec glace.*

Pendant du précédent.

ÉCOLE FLORENTINE

(XVIIIe siècle.)

112. — *Concert dans un parc.*

Au milieu et à l'ombre de quelques arbres, un groupe d'hommes et de femmes dansant ; à gauche, quelques personnes à une table servie ; à droite, un autre groupe de personnages.

Toile.

Haut., 60 cent.; larg. 78 cent.

ÉCOLE BOLONAISE

113. — *Portrait d'homme.*

Toile.

Haut., 1m,20; larg., 1m,08.

ÉCOLE ESPAGNOLE

MORALES (Louis de), dit EL DIVINO

(Né à Badajoz en 1509, mort dans la même ville en 1586.)

114. — *Le Christ au roseau.*

Les poignets sont serrés par une corde et le sang afflue aux mains ; la tête couronnée d'épines et le roseau dans la main, le Christ, du front duquel tombent de larges gouttes de sang, montre sa face souffrante. Sa physionomie exprime les tortures que subit son âme dans ce moment sublime où il souffre pour l'humanité. Cette tête est tout un poème de douleurs contenues et d'abnégation divine.

Bois ; cadre en bois noir.

Haut., 38 cent. ; larg., 28 cent.

MURILLO (Esteban Bartholomé)

(Né à Séville le 1er janvier 1618, mort dans la même ville en 1682.)

115. — *Saint Jean-Baptiste.*

Saint Jean se tient debout, une main appuyée sur son agneau ; son corps et son visage savamment éclairés, ont un relief saisissant. A sa gauche, un jeune enfant, à la chevelure dorée, tend un fruit à l'agneau.

Toile ; cadre en bois sculpté et doré.

Haut., 80 cent.; larg., 60 cent.

MURILLO (Esteban)

116. — *Nature morte.*

Des raisins, des pêches, des prunes et un melon sur une table, peints avec une vérité et un relief remarquables.

Toile ; cadre noir.

Haut., 72 cent.; larg., 1 mètre.

RIBERA (Joseph)

(École de)

117. — *Une Tête de pèlerin.*

Toile.

Haut., 60 cent.; larg., 47 cent.

THEOTOCOPULI (Dominique)

(1548 à 1626.)

118. — *Portrait d'homme.*

En buste avec un rabat blanc.

Toile.

Haut., 64 cent.; larg., 57 cent.

VELASQUEZ (Don Diego Rodriguez da Silva)

(Né à Séville en 1597, mort à Madrid en 1660.)

119. — *Une dispute.*

Une jeune femme, tenant dans une de ses mains des oiseaux et de l'autre des légumes, paraît se disputer avec un personnage qui la suit. Au bas de la toile se détache la tête d'un chien de chasse qui paraît se dresser devant le gibier. Cette excellente peinture est d'une touche très ferme et d'un coloris vigoureux.

Toile ; cadre doré.

Haut., 1m,20; larg., 90 cent.

VELASQUEZ (Don Diego)

(École de)

120. — *Orphée et les Muses.*

Orphée entouré des Muses les charme par les mélodies qu'il sait tirer de son instrument.

Toile; cadre doré.

Haut., 80 cent.; larg., 1^m,20.

ECOLE ESPAGNOLE

121. — *Tête de Saint Jean sur un plateau.*

La tête de saint Jean repose, pâle, exsangue, sur une coupe.

Bois; cadre doré.

Haut.; 43 cent; larg., 48 cent.

ÉCOLE ALLEMANDE

CRANACH LE VIEUX (Lucas Sunder, dit)

(Né en 1472 à Cranach, mort à Weimar en 1553.)

122. — *Judith tenant la tête d'Holopherne.*

Judith est représentée debout, tenant de la main droite un glaive et de l'autre la tête d'Holopherne. Elle porte sur le côté gauche de la tête une petite toque garnie de plumes et ses cheveux roulés au-dessus des oreilles sont protégés par des enveloppes en tissu doré. Son corsage, muni de manches bouffantes et d'un col à revers, laisse apercevoir une guimpe jaune ornée d'une ruche blanche. La jupe est verte et ornée de galons d'or. Enfin, elle porte un tour de cou supportant une croix et une chaîne d'or enroulée par trois fois autour de ses épaules.

Bois ; cadre noir.

Haut., 70 cent.; larg., 53 cent.

HOLBEIN (Jean)
(École de)

(1498 à 1543.)

123. — *La femme adultère.*

La femme adultère entourée d'un grand nombre de personnes est amenée devant le Christ qui se baisse à terre et écrit avec le doigt, sur le sable, sa sentence.

Bois.

Haut., 57 cent.; larg., 98 cent.

TISCHBEIN (Jean-Henri)

(Né le 3 octobre 1722 à Haina, mort à Cassel le 22 août 1789.)

124. — *Portrait de Mme la baronne Vomrath.*

La baronne, la tête couverte d'une fanchon et vêtue d'une robe décolletée en soie, garnie de plissés et de dentelles, est assise dans son boudoir; elle donne à manger à sa perruche, perchée sur la porte de sa cage entr'ouverte. La pose est pleine de morbidesse et sans aucune raideur, le geste est sobre; la main qui tient le livre est mollement abandonnée sur les genoux. Le coloris est vif, sans être cru ; les tons sont bien fondus et l'entente du clair obscur très savante. Le modelé de la figure est d'un fini précieux, ainsi que celui des bras, des mains et de la poitrine.

L'étoffe, d'une nuance délicate, est largement drapée ; les plis tombent bien, avec abandon et surtout avec naturel.

Cette toile, de grande allure, place Tischbein au rang des meilleurs portraitistes du XVIIIe siècle, à côté de Van Loo, dont il a été l'élève.

Sur le cercle inférieur de la cage, on lit la signature de l'artiste : *J.-H. Tischbein, peint à 1756.*

Ce tableau a été gravé dans la *Gazette des Beaux-Arts*.

Toile ; cadre doré.

Haut., 1^m,56 ; larg., 1^m,12.

ÉCOLE FLAMANDE

HOREMANS (JEAN)

(Né à Anvers en 1579, mort en 1675.)

125. — *Intérieur Flamand.*

Un petit garçon, assis sur une chaise se défend, effrayé contre les assauts d'un petit chat, tandis que sa jeune sœur s'amuse de cette lutte. La mère contemple cette scène en souriant, pendant que la grand'mère donne la bouillie au nouveau-né et que le grand-père fume sa pipe au coin de la cheminée.

Toile; cadre doré.

Haut., 32 cent.; larg., 40 cent.

MATSYS (Quentin)

(Né à Louvain vers 1460, mort en 1531.)

126. — *Le Peseur d'or.*

Une femme en costume du xve siècle, accoudée sur une table suit des yeux, avec son livre de comptes ouvert devant elle, les opérations d'un peseur d'or auquel elle vient de confier le contenu de sa bourse; derrière elle, se tient son jeune serviteur. Elle est vêtue d'une robe blanche à reflets rosés et porte une coiffe de même couleur bordée d'une fine mousseline qui laisse transparaître ses cheveux blonds. Le peseur d'or est vêtu d'une houppelande bleue et porte un bonnet à pluches rouges dont les longues ailes retombent jusqu'à la ceinture. Il est assis devant la table, appuyant d'une main sur la pédale d'un trébuchet et s'apprêtant de l'autre à poser une pièce d'or sur le plateau de la balance. Devant lui, sur la table, on voit la pile d'or qu'il doit peser, une coupe remplie de poudre à sécher, et un encrier; derrière lui, sur des étagères, un vieux bougeoir, une boîte, des rouleaux de parchemins.

Dans cette toile superbe, on ne saurait trop admirer l'exactitude avec laquelle le peintre a su rendre l'expression propre à chaque physionomie, comme aussi la finesse d'observation apportée dans l'exécution des moindres détails. Enfin, le coloris est parfaitement harmonieux et présente en même temps des nuances vives et des tons intenses qui révèlent le talent du maître.

Toile ; cadre splendide, en bois doré et sculpté.

Haut., $1^m,10$; larg., 90 cent.

MEMLINC (JEAN)
(École de)

1495

127. — *Tête de Christ.*

Sur bois.

Haut., 35 cent.; larg., 25 cent.

PORBUS (FRANÇOIS)
(École de)

1570-1622.

128. — *Portrait d'un évêque.*

L'évêque est représenté mitre en tête et la crosse à la main, regardant le ciel d'un air inspiré.

Sur bois ; cadre doré.

Haut., 70 cent.; larg., 45 cent.

RUBENS (PIERRE-PAUL)

(Né à Cologne en 1577, mort à Anvers en 1640.)

129. — *Portrait en buste d'Hélène Fourment, femme de Rubens.*

Elle est de trois quarts, la tête légèrement inclinée à droite; son corsage est décolleté et elle porte dans ses beaux cheveux blonds des plumes et des perles fines. Peinture d'une touche large et vigoureuse.

Toile; cadre doré.

Haut., 50 cent.; larg., 45 cent.

RUBENS (PIERRE-PAUL)
(École de)

130. — *Bacchanale.*

Silène, la tête enguirlandée de feuilles de vignes et soutenu par deux faunes, tend une coupe qu'un troisième faune lui remplit; à sa gauche, deux bacchantes nues lui font passer des grappes de raisin. Derrière lui, un faune tient une urne remplie.

Toile.

Haut , 1m,20; larg., 1m,30.

SUSTERMANS (JUSTE)
(Né à Anvers en 1597, mort en 1681.)

131. — *Portrait en pied d'un jeune prélat.*

Il est debout et se présente de face, vêtu d'un costume sombre, sur lequel tranche le blanc de la collerette et des manchettes; autour du cou il porte un collier en or auquel est suspendue une croix. De sa main droite, il s'appuie sur une table couverte d'une draperie rouge, tandis que sa main gauche retombe le long du corps et tient un gant. Cette fort belle peinture peut soutenir la comparaison avec les meilleurs portraits de Van Dyck.

Toile; cadre en bois sculpté et doré.

Haut., 1m,80; larg., 1m,10

ÉCOLE HOLLANDAISE

BAKHUYSEN (LUDOLF)

(Né à Emdem en 1631, mort en 1709.)

132. *Une marine.*

Un petit navire, les voiles presque serrées, et portant au grand mât le pavillon hollandais, s'éloigne du rivage en emportant plusieurs passagers ; sur la grève, plusieurs personnes le contemplent; dans le lointain, des barques se balancent sur la mer houleuse. La transparence de l'atmosphère, la limpidité de l'eau et son agitation sont rendues avec ce talent qui caractérisait Bakhuysen.

Toile ; cadre noir avec filets dorés.

Haut., 57 cent.; larg., 68 cent.

5

BAKHUYSEN (Ludolf)

133. — *Une tempête.*

Le ciel est obscur, le vent souffle en tempête et, dans le lointain, sur la mer démontée, on aperçoit un navire en perdition. Plus près, sur la grève, des femmes suivent des yeux, avec émotion, une barque qui s'élance au secours du navire menacé et qui paraît vouloir sombrer à chaque instant sous la violence des flots. Un peu à gauche s'élève la masse sombre d'un rocher sur lequel la mer en furie vient se briser. Toute cette scène est rendue avec une vérité saisissante.

Bois ; cadre en palissandre.

Haut., 30 cent.; larg., 58 cent.

BENT (Van der)

(Né à Amsterdam en 1650, mort en 1690.)

134. — *Paysage.*

Un char attelé de deux chevaux traverse un torrent ombragé par de beaux arbres. Les chevaux, superbes d'entrain, font rejaillir l'eau de tous côtés sur leur passage ; un valet de ferme monté sur l'un d'eux les conduit et tâche de les modérer. L'entente du clair obscur, l'opposition des couleurs, la touche facile qui règnent dans toute cette peinture révèlent un talent comparable à celui de Berghem.

Toile; cadre en bois doré et sculpté.

Haut., 60 cent.; larg., 70 cent.

BREKELENKAMP (Quirin van)

(vers 1665)

135. — *Ermite en méditation.*

Un ermite, assis à l'ombre d'un rocher, et vêtu d'un manteau de bure retient sur ses genoux, de la main gauche, une tête de mort. Il ramène l'autre main sur la poitrine, tandis que sa tête couronnée de cheveux blancs se penche sous l'effort de la méditation. A côté de lui, sur une table rustique, une gourde et de grands livres de piété.

Bois; cadre noir.

Haut., 60 cent.; larg., 50 cent.

CUYP (Albert)

(Né à Dordrecht en 1606, mort en 1672.)

136. — *Paysage avec animaux.*

Au bord d'une rivière, dans une belle prairie, plusieurs vaches broutent tranquillement tandis que l'une d'elles se laisse traire par la fermière.

Un peu à gauche, le pâtre est étendu sur l'herbe et joue avec son chien.

Toile.

Haut., 60 cent,; larg., 75 cent.

HOBBEMA (Meindert)

(Né vers 1635, mort vers 1700.)

137. — *Paysage.*

Au premier plan s'élèvent deux grands arbres dont l'admirable feuillage au ton gris argenté projette son ombre sur une route où l'on voit cheminer une paysanne pesamment chargée. Au pied des arbres, une rivière roule ses eaux transparentes et dans le lointain on aperçoit la lisière d'un bois.

Toile ; cadre doré.

Haut., 50 cent.; larg., 40 cent.

HONDECOETER (Melchior)

(Né à Utrecht en 1636, mort dans la même ville en 1695.)

138. — *L'Oie et le Chien.*

Une oie, les ailes déployées, le bec entr'ouvert, les pattes en avant se défend contre les attaques d'un jeune chien. Un singe regarde cette scène d'un air malicieux, et dans le lointain, on aperçoit divers volatiles.

Toile; cadre en bois noir.

Haut., 1m,16; larg., 90 cent.

HONTHORST (GÉRARD), dit GÉRARD DE LA NUIT

(Né à Utrecht en 1592, mort vers 1660.)

139. — *Le Christ bafoué.*

Le Christ, les mains ligottées, la couronne d'épines au front, est insulté et frappé par un soldat qui l'a saisi par un pan de son manteau.

Toile.

Haut., 1m,55 ; larg., 1m,07

HONTHORST (GÉRARD)

140. — *Soldats jouant aux cartes.*

Plusieurs soldats, vivement éclairés par la lueur d'une bougie, jouent aux cartes autour d'une table. Une ronde les surprend et les jette dans le plus grand désarroi. L'expression des physionomies et le jeu de la lumière sont parfaitement rendus dans cette vigoureuse peinture.

Toile.

Haut., 1m,58 ; larg., 1m,18.

HONTHORST (GÉRARD)

141. — *La Femme adultère.*

La femme adultère est amenée devant le Christ, suivi de ses disciples. Le Christ la renvoie en lui donnant l'absolution de ses péchés.

Bois ; beau cadre en bois sculpté noir et doré.

Haut., $1^m,77$, ; larg., $1^m,23$

MIREVELT (MICHEL-JANSZ), surnommé le HOLBEIN hollandais.

(Né à Delft en 1568, mort dans la même ville en 1641.)

142. — *Portrait d'une jeune fille.*

Ce portrait représente une jeune fille d'environ quinze ans. Elle est de face et porte un vêtement de couleur sombre, sur lequel tranchent vivement sa large collerette blanche et ses manchettes ornées de fines broderies. De sa main droite, elle tient un éventail, tandis que sa main gauche tombe mollement le long du corps. L'expression du visage est charmante, et l'harmonie, la suavité du coloris, comme le fin modelé du visage et des mains, révèlent le talent supérieur de Mirevelt.

Toile ; cadre noir.

Haut., 1 mètre ; larg., 70 cent.

NEER (ARTHUS, VAN DER)

(Né à Amsterdam vers 1619, et mort en 1683.)

143. — *Effet de neige.*

Le tableau représente un petit village sous la neige et traversé par une rivière que les froids ont entièrement gelée. Sur les deux rives, des paysans ramassent du bois mort dont ils chargent une charrette. A gauche, sur le seuil d'une auberge, on aperçoit un groupe de villageois causant avec animation.

Bois ; cadre doré.

Haut., 35 cent.; larg., 50 cent.

OSTADE (Adrien-Van)

(Né à Lubeck en 1610, mort à Amsterdam en 1685.)

144. — *Une Tabagie.*

Dans une salle basse et fumeuse, on aperçoit divers groupes de personnages, aux physionomies grimaçantes.

Au centre, deux joueurs, assis sur des tonnelets, se sont installés devant un tonneau dont la partie supérieure leur sert de table à jeu.

L'un des joueurs, se détourne et saisit par le corps une belle fille, qui se tient debout devant la cheminée ; tout à côté, un vieillard, la pipe à la bouche, se soulève de son escabeau pour regarder la scène d'un air narquois, tandis qu'une vieille, assise sur une chaise basse, paraît se désintéresser de la question. A droite de ce groupe, un compère, à la figure madrée, semble fort affairé à chercher une bouteille sous la paille. A gauche, divers fumeurs sont assis dans des poses plus ou moins abandonnées, tandis qu'un homme avec une femme sous le bras, se rapproche du centre de la pièce en titubant.

Toute cette scène est rendue avec une finesse d'observation et une entente dans le jeu de la lumière qui caractérisent le maître Hollandais.

Toile; cadre doré.

Haut., 53 cent.; larg., 74 cent.

REMBRANDT

(École de)

(1608 à 1669.)

145. — *Tête de Vieillard.*

Bois; cadre doré.

Haut., 44 cent.; larg., 35 cent.

SWANEVELT (Hermann) (dit HERMANN D'ITALIE)

(Né à Wœrden en 1600, mort en 1655.)

146. — *Paysage.*

Au premier plan, de beaux arbres au feuillage touffu, ombragent un ruisseau au bord duquel une femme cause avec un compagnon. Au deuxième plan, on aperçoit un cavalier monté sur un cheval blanc et qui parcourt une route dominée par un château en ruine; enfin, dans le lointain, des montagnes terminent l'horizon. Les rayons d'un soleil couchant, dorent l'ensemble de ce beau paysage.

Toile ; cadre doré.

Haut., 60 cent.; larg., 90 cent.

ÉCOLE ANGLAISE

ROMNEY (George)

(Né à Dalton en 1734, mort à Kendel en 1802.)

147. — *Portrait d'homme.*

Il se présente de trois quarts, les cheveux poudrés, en grand habit d'apparat, tout chamarré de décorations. Excellente peinture, où l'on retrouve toutes les qualités de portraitiste qui ont fait la réputation de Romney.

Toile; cadre en bois doré du temps.

Haut., 90 cent.; larg., 70 cent.

ÉCOLE ANGLAISE

148. — *Paysage animé.*

Arrêtée devant une auberge, une campagnarde, montée sur une jument blanche donne le sein à son bébé pendant qu'un jeune poulain profite lui-même de la halte pour téter sa mère. Devant le cheval, un gamin se rafraîchit, et sur le seuil de l'auberge, un soldat se repose.

Toile; cadre doré.

Haut., 30 cent.; larg., 40 cent.

ADDITIONS

ÉCOLE FRANÇAISE

149. — *Portrait d'homme.*

Il est vu de trois quarts et porte un vêtement bleu marine couvert de décorations.

Toile ; cadre doré.

Haut., 57 cent.; larg., 43 cent.

ÉCOLE FRANÇAISE

150. — *Un bazar turc.*

Un Turc, richement habillé, fumant son chibouk, est assis devant un bazar ; il est entouré de plusieurs autres Turcs. Trois femmes devant un comptoir distribuent des boissons.

Toile ; cadre doré.

Haut , 62 cent.; larg., 50 cent.

ÉCOLE FRANÇAISE

151. — *Portrait de femme.*

Elle est représentée de face et porte un costume premier Empire.

Toile.

Haut., 75 cent.; larg., 60 cent.

ÉCOLE FRANÇAISE

152. — *Paysage animé.*

Une jeune bergère, conduisant son troupeau, est arrêtée près d'un homme blessé étendu sur l'herbe et paraît lui parler d'une manière compatissante.

Toile; cadre doré.

Haut., 32 cent.; larg., 23 cent.

ÉCOLE FRANÇAISE

153. — *Plantes grasses.*

Toile.

Haut., 60 cent.; larg., 76 cent.

OBJETS D'ART

154. — *Un beau bas-relief en marbre, du XVᵉ siècle.*

155. — *Deux tables sculptées Louis XIII.*

156. — *Une pendule Louis XV, avec des attributs guerriers.*

157. — *Deux colonnes appliques, en bois sculpté.*

158. — *Deux vases Sèvres.*

159. — *Sous ce numéro divers objets non catalogués.*

LYON. — IMPRIMERIE MOUGIN-RUSAND

www.ingramcontent.com/pod-product-compliance
Ingram Content Group UK Ltd.
Pitfield, Milton Keynes, MK11 3LW, UK
UKHW020348180726
13839UKWH00002B/985